UM
GUIA DE LEITURA
À DECLARAÇÃO
FIDUCIA SUPPLICANS

ANTONIO MANZATTO

UM
GUIA DE LEITURA
À DECLARAÇÃO
FIDUCIA SUPPLICANS

Dados Internacionais de Catalogação na Publicação (CIP)
Angélica Ilacqua CRB-8/7057

Manzatto, Antonio
   Um guia de leitura à declaração Fiducia Supplicans / Antonio Manzatto. -- 1. ed. -- São Paulo : Paulinas, 2024.
   40 p.

   ISBN 978-65-5808-263-7

   1. Documentos papais – Estudo e ensino 2. Francisco, Papa, 1936-. Fiducia Supplicans – Estudo e ensino 3. Bênção 4. Sacramentos e sacramentais 5. Casamento entre homossexuais – Documentos papais I. Título

24-0026   CDD 262.91

Índice para catálogo sistemático:

1. Documentos papais – Estudo e ensino

1ª edição – 2024

Direção-geral: *Ágda França*
Editor responsável: *João Décio Passos*
Copidesque: *Mônica Elaine G. S. da Costa*
Coordenação de revisão: *Marina Mendonça*
Revisão: *Sandra Sinzato*
Gerente de produção: *Felício Calegaro Neto*
Capa e diagramação: *Elaine Alves*

Nenhuma parte desta obra poderá ser reproduzida ou transmitida por qualquer forma e/ou quaisquer meios (eletrônico ou mecânico, incluindo fotocópia e gravação) ou arquivada em qualquer sistema ou banco de dados sem permissão escrita da Editora. Direitos reservados.

Cadastre-se e receba nossas informações
www.paulinas.com.br
Telemarketing e SAC: 0800-7010081

Paulinas
Rua Dona Inácia Uchoa, 62
04110-020 – São Paulo – SP (Brasil)
📞 (11) 2125-3500
✉ editora@paulinas.com.br

© Pia Sociedade Filhas de São Paulo – São Paulo, 2024

SUMÁRIO

Introdução 7

Um guia de leitura à Declaração
Fiducia Supplicans 9
   1. Sem perder de vista o contexto 9
   2. O texto da Declaração 13
   3. Pensando sobre o texto 21
   4. Perspectiva pastoral 22
   5. Perspectiva teológica 29
   6. Grade de leitura 33
   7. De maneira prática 36

INTRODUÇÃO

A recente Declaração *Fiducia Supplicans* (FS), publicada pelo Dicastério para a Doutrina da Fé do Vaticano, próximo às celebrações natalinas de 2023, suscitou muitas reações e ocupou as manchetes dos jornais pelo mundo todo. Assinada pelo Cardeal Prefeito do Dicastério, D. Víctor Manuel Fernández, o texto não é da pena do Papa Francisco, mas conta com a expressa aprovação dele, afirmada pela aposição de sua assinatura no final do texto que lhe foi apresentado. É um texto que trata de bênçãos, de seu significado e aplicações pastorais, e não suscitaria maior interesse se não contemplasse o controverso assunto das uniões irregulares e entre pessoas do mesmo sexo.

As reações não tardaram, como normalmente acontece com documentos emanados do pontificado de Francisco. De um lado, ansiosos por um avanço da Igreja no trato das uniões entre pessoas do mesmo sexo e dos chamados casais de segunda união, muitos viram no documento a liberalização para o reconhecimento e oficialização de tais situações, o que não é verdade. Quem assim o enxerga, certamente, não leu o documento e avança segundo seus pensamentos ou desejos, mas não expressa aquilo que *Fiducia Supplicans* afirma. Vários segmentos da imprensa seguiram por esse caminho, tão enganoso como aquele de quem, igualmente sem ler o documento, se apressou em criticá-lo ou desmenti-lo, algumas vezes seguindo apenas o que a imprensa ou as redes sociais repercutiam. São aqueles ciosos da tradição perene da doutrina, como afirmam, que não veem possibilidade alguma de mudança nas posturas eclesiais no que se refere a tais uniões. Vários, inclusive bispos, padres e cardeais, se posicionaram contra o documento e o fizeram com veemência, na ânsia de defender suas convicções e sem prestar atenção naquilo que o Dicastério afirma no texto publicado.

No debate entre alas mais conservadoras e mais progressistas, que convivem mais mal que bem no interior da Igreja, o texto do documento permaneceu, para muitos, desconhecido. Para podermos entender aquilo que o documento traz como "uma contribuição específica e inovadora ao *significado pastoral das bênçãos*" (FS, apresentação), será preciso entender o quadro no qual ele se situa, sua proposta e seu alcance. Isso é necessário para que não se afirme, simplesmente, a vontade daqueles que são contra o Papa Francisco ou a seu favor, recobrindo tal visão pessoal com aquela que se refere aos temas tratados no documento.*

---

* O conjunto das reflexões aqui apresentadas orientam-se pela numeração que consta no documento original publicado pelo Dicastério para a Doutrina da Fé [N.E.].

UM GUIA DE LEITURA À DECLARAÇÃO *FIDUCIA SUPPLICANS*

1. Sem perder de vista o contexto

Fiducia Supplicans não é um documento surpreendente, algo que tenha caído do céu repentinamente ou que trate de temas inesperados. Na verdade, como diz o próprio documento, ele trata de assuntos que foram levados ao Dicastério nos últimos tempos e que vêm sendo ali trabalhados e estudados por especialistas, sempre à luz dos ensinamentos do Papa Francisco. Dessa forma, não é um documento inesperado, até porque, com frequência, a questão das uniões irregulares e entre pessoas do mesmo sexo tem sido debatida em muitas esferas eclesiais, ocasionando um aprofundamento cada vez maior da reflexão.

Em 3 de novembro de 2023, o mesmo Dicastério para a Doutrina da Fé publicou outro documento: "Respostas a algumas questões de S. E. Dom José Negri, bispo de Santo Amaro, acerca da participação aos sacramentos do Batismo e do Matrimônio por parte de pessoas transexuais e de pessoas homoafetivas". A resposta do Dicastério é que não há impedimentos canônicos para tal participação, uma vez que sempre serão pessoas querendo expressar sua fé. Assim, essas pessoas podem ser batizadas, podem ser padrinhos de Batismo e testemunhas de celebrações matrimoniais, sendo que, o que preside a decisão final, deve ser o discernimento e o cuidado pastoral, mais do que uma norma escrita. Isso, por si só, mostra como o assunto é atual. Mas outros dois documentos nos ajudam a compreender o quadro em que se insere a *Fiducia Supplicans*. Um, citado inclusive no texto, é o famoso "*Responsum* da Congregação para a Doutrina da Fé a um *dubium* sobre a bênção de uniões de pessoas do mesmo sexo" e sua Nota Explicativa. Datado de 22 de fevereiro de 2021 e assinado pelo Prefeito da então Congregação para a Doutrina da Fé, o Cardeal Luis Francisco Ladaria, foi visto por muitos como definitivo e, por outros, como insuficiente. Trata-se de um texto curto e que responde negativamente à questão proposta, dizendo que não se pode abençoar uniões "que implicam uma prática sexual fora do matrimônio" e que tais bênçãos constituiriam "de certo modo uma imitação ou uma referência de analogia à bênção nupcial". A abordagem feita por esse documento é litúrgica e canônica, e afirma a proibição de abençoar uniões, mas não proíbe que se abençoem pessoas, o que, aliás, de certo modo, é reconhecido no mesmo documento, ao afirmar que "não se exclui que sejam dadas bênçãos a indivíduos com inclinação homossexual", porque "Deus mesmo não deixa de abençoar cada um de seus filhos peregrinos neste mundo". A *Fiducia Supplicans*, por sua vez, sem negar o que esse *Responsum* afirma, faz uma abordagem diferente, tratando de bênçãos não litúrgicas destinadas a pessoas, como veremos.

O segundo documento refere-se a outra situação mais recente, de julho de 2023. Os cardeais Raymond Burke e Walter Brandmuller encaminharam ao Papa Francisco uma carta com cinco *Dubia*, às quais o próprio papa respondeu. Ainda que a carta traga o nome de outros cardeais, esses dois são os que a assinam. Em 25 de setembro, o Dicastério para a Doutrina da Fé publicou o texto das *dubia* dos cardeais e a resposta do Papa Francisco em um documento intitulado "'*Dubia* de dois cardeais' (10 de julho de 2023) e '*Respuestas* do Santo Padre a los *Dubia* propuestos por dos Cardenales' (11 de julho de 2023)". Dentre as cinco *dubia* apresentadas, a segunda versa sobre a bênção de uniões de pessoas do mesmo sexo. Perguntam os cardeais, de uma maneira que lembra questões que, como narram os Evangelhos, mestres da lei apresentaram a Jesus para pô-lo à prova (Mt 22,15-36), se "a prática difusa da bênção das uniões entre pessoas do mesmo sexo concordaria com a Revelação e o Magistério". A resposta do papa é clara, referindo-se à doutrina católica tradicional sobre o matrimônio, evitando que outras uniões sejam confundidas com o sacramento do Matrimônio; porém, lembra Francisco, a caridade pastoral deve presidir as decisões dos pastores, que podem perceber se há "formas de bênção, solicitadas por uma ou por várias pessoas, que não transmitam uma concepção equivocada do matrimônio", e que tais decisões, tomadas em determinado contexto, não precisam tornar-se norma, muito menos universal. A prática da Igreja não se faz simplesmente por exclusão, condenação ou unicamente "defesa da verdade objetiva", mas por "amabilidade, paciência, compreensão, ternura, alento". Isso dá o caminho que será seguido no texto da *Fiducia Supplicans*, ao mesmo tempo que nos lembra de que, na história da Igreja, muitos comportamentos que, se quis ser "defesa da verdade", ocultaram muitos gestos de desamor.

Se, de um lado, a publicação de tantos documentos sobre o tema mostra sua relevância e atualidade, de outro lado, aponta para uma inquietação pastoral não satisfeita. Acrescente-se a isso o fato de que, em alguns lugares, foi proposto um ritual para bênçãos de pessoas do mesmo sexo, tendo o debate alcançado as Conferências Episcopais. A sociedade contemporânea apresenta demandas e situações às quais a Igreja nem sempre encontra respostas prontas, necessitando colocar-se em escuta e discernimento. Isso transparece claramente nesses textos citados, além do tradicional embate entre conservadores e progressistas. Em alguns lugares se avança, em outros há retrocessos, e entre acertos e erros tenta-se "ouvir o que o Espírito diz às Igrejas".

Podemos aludir a um último ponto. O Dicastério para a Doutrina da Fé afirma, na *Fiducia Supplicans*, que sua tarefa de compreender a doutrina perene da Igreja deve realizar-se no quadro dos ensinamentos do Papa Francisco, já que se compreende como um instrumento "a serviço do sucessor de Pedro" (*Praedicate Evangelium* II,1). Sua posição é a mesma assumida em outras épocas e em outros pontificados, mas Francisco enfrenta uma oposição ferrenha daqueles que nele enxergam um perigo para a vida eclesial. Os mesmos que afirmaram há tempos que era preciso obedecer sempre ao papa, agora questionam as atitudes de Francisco e propõem até uma desobediência ativa.

Em tal clima, podemos entender por que o Dicastério para a Doutrina da Fé oficializa o ensinamento que Francisco já apresentou em outras ocasiões e demonstra como tal ensinamento permanece fiel e enraizado na tradição doutrinal da Igreja. Também se entende as reações contrárias à *Fiducia Supplicans*, talvez menos pelo que ela diz em termos doutrinais e mais pela postura pastoral que apresenta. Vale a pena, então, perceber o que o texto diz, finalmente, para que se possa, em seguida, enxergar sua pertinência, novidade e alcance com relação ao tema tratado, e que a tantos inquieta sobremaneira.

2. O texto da Declaração

A estrutura da *Fiducia Supplicans* é bastante simples. Depois de rápida apresentação e de uma pequena Introdução, apresenta a bênção no sacramento do Matrimônio (I) e, em seguida, o sentido das diferentes bênçãos (II). Nesse ponto, enfoca o sentido litúrgico dos ritos de bênçãos e, depois, as bênçãos na Sagrada Escritura, terminando com uma compreensão teológico-pastoral das bênçãos. Fala, então, da bênção de casais em situação irregular e de casais do mesmo sexo (III), para concluir reafirmando a Igreja como sacramento do amor infinito de Deus (IV). Apesar de sua estrutura simples, o documento aprofunda a questão das bênçãos e inova o trato do tema, oferecendo "novos esclarecimentos, à luz da atitude paternal e pastoral do Papa Francisco" (FS 1) que reconhece que "todo ensino da doutrina deve se situar em uma atitude evangelizadora" (FS 2), lembrando a *Evangelii Gaudium* (EG) 42.

Apresentação: por que um novo documento?

Na apresentação, o texto afirma querer ser uma resposta a várias questões apresentadas ao Dicastério, tanto em anos passados como mais recentemente, o que indica que, apesar dos documentos anteriores, as questões tocadas ainda não foram suficientemente esclarecidas. Recorreu-se, então, a vários especialistas, e o próprio Dicastério encaminhou o processo de redação do documento, sempre colocando o papa a par das discussões; e este, finalmente, aprovou o documento, quando lhe foi apresentado. Nesse sentido, o texto aproveita para lembrar que é tarefa do Dicastério para a Doutrina da Fé "favorecer a compreensão da doutrina perene da Igreja" e também a "recepção do ensino do Santo Padre". Esse é um ponto importante na compreensão da tarefa do Dicastério e na afirmação da doutrina tradicional da Igreja, porque, quando afirma o valor do ensinamento do Magistério eclesial, não se refere apenas ao passado, mas também ao Magistério vivo da Igreja, "*cum Petro et sub Petro*".

Introdução: a bênção é de Deus, e é para todos

Na Introdução propriamente dita (1-3), quando o documento começa a ter seus parágrafos numerados, parte-se da afirmação de que a grande bênção de Deus para toda a humanidade é Jesus Cristo, o Filho de Deus encarnado, salvação para toda a humanidade e que nos foi enviado, como lembra São Paulo, "quando ainda estávamos nos nossos pecados" (Rm 5,8). A partir daí se pode pensar a possibilidade de bênçãos para os casais irregulares e do mesmo sexo, já que "a bênção de Deus é para todos, todos, todos..." (Francisco, *Vatican News*, 14.01.2024).

A doutrina tradicional sobre o matrimônio

Falando sobre a bênção no sacramento do Matrimônio (4-6), o documento é taxativo: não se pode "reconhecer como matrimônio o que não é matrimônio", compreendido como uma "união exclusiva, estável e indissolúvel, entre um homem e uma mulher, naturalmente aberto à geração de filhos" (FS 4). Essa é a doutrina tradicional da Igreja, que não sofre nenhuma alteração, e, por isso mesmo, se quer evitar qualquer tipo de ritualização capaz de se prestar a confusões. Acrescenta ainda que a bênção no sacramento do Matrimônio não é uma bênção qualquer, mas sim a que se liga a essa "união específica entre um homem e uma mulher que, por seu consentimento, estabelecem uma aliança exclusiva e indissolúvel" (FS 6). Portanto, não se confunde uma bênção dada em outro contexto com a bênção do sacramento do Matrimônio.

As muitas bênçãos praticadas pela Igreja

Em seguida, na parte mais longa do documento (7-30), fala-se do sentido das diversas e diferentes bênçãos. Afinal, as bênçãos são muito diversificadas e apresentam grande evolução em sua vivência e compreensão ao longo do tempo. Referem-se a perceber a presença de Deus em todos os acontecimentos da vida, e, assim, convidam o ser humano a "buscar Deus, amá-lo e servi-lo fielmente" (FS 8).

As bênçãos litúrgicas

Os números 9-13 falam do sentido dos ritos de bênçãos. Reconhecem que, em sentido litúrgico, o que é abençoado precisa estar em conformidade com a vontade de Deus, como a Igreja compreende (9). Sendo assim, como afirma o Ritual Romano, "as fórmulas de bênçãos têm por finalidade, antes de tudo, dar glória a Deus por seus dons, pedir seu auxílio e vencer o poder do maligno no mundo" (10). Assim, como dito em outros documentos, quando se trata de abençoar uma união, "é preciso que ela seja conforme ao desígnio de Deus presente na Criação". Portanto, a Igreja não pode abençoar liturgicamente uma união que não é reconhecida como matrimonial (11), assim como não se pode "reduzir o sentido das bênçãos a esse único ponto de vista" litúrgico; o que equivaleria exigir, para uma simples bênção, todas as condições requeridas para um sacramento (12). As bênçãos não acontecem apenas nos sacramentos, e é em razão disso que tal gesto, tão diversificado e pastoralmente tão significativo, não pode esconder "a força incondicional do amor de Deus" (12).

Bênçãos e bendições na Escritura

Em seguida o texto faz um estudo mais propriamente teológico do sentido das bênçãos, começando por um percurso bíblico (14-19). "Que o Senhor te abençoe e te guarde. Que o Senhor faça brilhar sobre ti sua face e tenha de ti misericórdia. Que o Senhor volte para ti seu rosto e te dê a paz!" (Nm 6,24-26). Esta bênção se encontra no Antigo Testamento, sendo chamada de "bênção sacerdotal" (FS 15), que tem, segundo a *Fiducia Supplicans*, um caráter descendente, pois vem de Deus para o humano. Há também outro tipo de bênção, de caráter ascendente, que sobe da terra para Deus. É, então, uma bênção de louvor, de celebração e de agradecimento a Deus por suas maravilhas: "Bendize minha alma ao Senhor, bendize seu santo nome todo o meu ser!" (Sl 103,1).

Há muitas bênçãos e benditos na Escritura, em toda a história de Israel, seja a bênção de Abraão, seja as de Jacó (16). Também no Novo Testamento há muitas bênçãos, tanto descendentes quanto ascendentes. Zacarias bendiz o Senhor (Lc 1,64); Jesus bendiz o Pai (Mt 11,25), abençoa as crianças (Mc 10,16) e os Onze (Lc 24,50-51). Bendizer é abençoar, pois as palavras são similares em sua etimologia. A Igreja, como continuadora da ação de Jesus, também abençoa em uma ação "positiva de reconforto, de solicitude, de encorajamento" (19).

Sentido teológico e pastoral das bênçãos e bendições

Os números 20-30 trazem uma reflexão mais propriamente teológico-pastoral sobre as bênçãos. Quem pede uma bênção reconhece a necessidade da presença de Deus em sua vida, e quem a pede à Igreja reconhece que a Igreja é sacramento dessa salvação oferecida por Deus (20). Quem pede uma bênção, pede ajuda em uma oração; pedido que precisa ser acolhido e valorizado pastoralmente (21). Tomado fora do quadro estritamente litúrgico, há maior liberdade e espontaneidade na forma de vivenciar o gesto de abençoar, que se torna, então, mais um recurso pastoral a ser valorizado do que um risco ou problema a ser evitado (23). No quadro da religiosidade popular, as bênçãos são atos de devoção que possuem o próprio ritmo, linguagem e configuração, os quais são diferentes dos sacramentos. Por esse motivo, não são "celebrações litúrgicas" como tal, pois guardam suas características (24).

Bênção e o primado da graça de Deus

Afinal, "a Igreja deve evitar de fazer repousar sua prática pastoral sobre o fixismo de certos esquemas doutrinais ou disciplinares", que podem dar lugar a um "elitismo narcísico e autoritário", no qual, "em lugar de facilitar o acesso à graça, se usam as energias para controlar (EG 94)". Desse modo, quando alguém pede uma bênção, não se deve fazer uma análise moral exaustiva como condição prévia à concessão da bênção, pois nenhuma perfeição moral deve ser exigida diante de tal situação (25).

Portanto, a concessão de uma bênção não apresenta uma concepção equivocada do matrimônio, porque se trata de "simples bênção", já que é Deus quem abençoa. "Somos mais importantes para Deus que todos os pecados que possamos cometer, pois ele é Pai, ele é Mãe, ele é Amor puro, e nos abençoa sempre. Ele não cessará jamais de nos abençoar" (27). De um ponto de vista pastoral, há muitas situações em que as pessoas solicitam uma bênção, como em romarias, nos santuários ou mesmo quando, simplesmente, encontram um padre. Há vários ritos de bênçãos, como aparecem no Ritual de Bênçãos: bênção para doentes, para idosos, para quem viaja etc. Nessas situações, abençoam-se todos; ninguém deve ser excluído das bênçãos (28).

Dimensões ascendente e descendente das bênçãos

Na dimensão ascendente se toma consciência dos dons de Deus e de seu amor incondicional, apesar dos pecados, quando, quem crê, eleva a Deus sua prece de louvor e de agradecimento. Tal bênção não é proibida a ninguém (29). O sentido popular da bênção reconhece também a dimensão descendente, quando se invoca o Senhor e sua misericórdia, pede-se sua ajuda e se apresenta o desejo de ser guiado por ele para uma maior compreensão de seu desígnio de amor e verdade (30). Aqui, a prudência e a sabedoria pastoral podem sugerir que o ministro ordenado se associe à oração de pessoas que, mesmo vivendo em situações que não podem ser comparadas ao matrimônio, solicitam uma bênção.

Bênção sobre casais em situação irregular e casais do mesmo sexo

Em seguida, nos números 31-41, contempla-se concretamente a questão da bênção para casais em situação irregular ou do mesmo sexo. O documento ensina, então, que é possível abençoar os casais em situação irregular e os casais do mesmo sexo sem fórmulas fixas criadas ou aprovadas por autoridades eclesiais. Utiliza-se uma maneira que junte as dimensões ascendente e descendente, e que exprima uma súplica a Deus, a fim de que ele conceda sua ajuda para que as relações humanas possam "amadurecer e crescer na fidelidade à mensagem do Evangelho, libertar-se de suas imperfeições e de suas fragilidades e se exprimir em uma dimensão cada vez maior do amor divino" (31).

Não é ritualizada, mas é bênção

Tal bênção, que não faz parte de um rito litúrgico, une a oração de intercessão à invocação da ajuda de Deus para aqueles que dele se aproximam. E Deus não rejeita ninguém, não exclui ninguém. Sua graça age sobre aqueles que sabem que são pecadores e imperfeitos. Pedir uma bênção é abrir-se à transcendência, é querer aproximar-se de Deus nas situações mais diversas da vida, e isso é semente do Espírito que não pode ser desprezada (33). A própria liturgia da Igreja convida a essa atitude de confiança em Deus, apesar dos pecados (34). Quantas vezes, "por uma simples bênção do pastor, que por tal gesto não quer sancionar ou legitimar nada, as pessoas podem fazer a experiência de proximidade do Pai 'para além de seus méritos ou desejos'" (34). A sensibilidade pastoral dos ministros ordenados os faz distribuir bênçãos espontaneamente, que não se encontram no Ritual de Bênçãos (35). Tais práticas não devem diminuir, pois são gestos simples que ajudam as pessoas a se aproximarem de Deus, e não devem ser ritualizadas ou transformadas em celebrações litúrgicas, perdendo sua característica essencial de espontaneidade (36). Decisões tomadas em determinadas situações, que apelam à sensibilidade e à caridade pastorais, não devem ser transformadas em normas, pois senão se cairia em uma "casuística insuportável" (37).

Situações em que se pode abençoar

Por essa razão, não se deve agir para construir um ritual de bênçãos para casais em situação irregular ou casais do mesmo sexo, nem se deve impedir ou proibir a Igreja de se aproximar de todas as situações humanas nas quais se pede a ajuda de Deus por meio de uma simples bênção (38). Para evitar confusões e escândalos, tais bênçãos não serão dadas em ritos civis de união, nem em vestes ou palavras que são próprios do matrimônio (39), mas podem ser dadas em outras situações nas quais o que se busca é a ajuda de Deus para se viver melhor (40). O documento afirma, então, que o que foi dito orienta suficientemente sobre o tema tratado, e não se deve esperar outras manifestações do Dicastério sobre isso (41).

A Igreja é sacramento do amor de Deus

O trecho final do documento afirma a Igreja como sacramento do amor infinito de Deus (42-45). Mesmo quando a relação com Deus é obscurecida pelo pecado, ainda assim é possível pedir uma bênção, já que, "em meio aos grandes limites humanos, um simples passo pode ser mais apreciado por Deus que a vida exteriormente correta de quem passa seus dias sem ter de enfrentar grandes dificuldades" (43). "Toda bênção é uma nova proclamação do *kerygma*, um convite a se aproximar sempre mais do amor do Cristo" (44). Por fim, o documento lembra que está na raiz do ser cristão a capacidade de se sentir abençoado e abençoar, e de aprender de Deus a não maldizer, mas abençoar (45).

3. Pensando sobre o texto

Como foi dito, a reação ao documento *Fiducia Supplicans* foi bastante diversificada. Alguns a aplaudiram com entusiasmo e se declararam prontos a seguir suas orientações; outros a criticaram veementemente, proibindo sua aplicação; e houve ainda quem a acusassem de heresia. Isso fez com que o próprio Dicastério reagisse com um Comunicado à Imprensa, datado de 4 de janeiro de 2024, no qual reafirma a fidelidade do documento à doutrina eclesial, como comprovado no texto, reconhece a dificuldade cultural de algumas regiões, propõe caminhos práticos e demanda uma catequese que torne a questão das bênçãos mais clara e compreensível. Na reação ao documento, há uma grande maioria silenciosa, que não tomou posição mais clara ou que aguarda desdobramentos para, então, se situar.

Também dissemos que tais reações são comuns no pontificado de Francisco. Muitos, em outros tempos, que bradaram a exigência de fidelidade ao Magistério vivo da Igreja, agora tomam distância e questionam diversas posições e ensinamentos de Francisco. Isso mostra que a questão de fundo é, claro, ideológica. Na reação à *Fiducia Supplicans*, o mesmo se verifica: há um posicionamento contrário porque não se admite nenhuma situação de casais irregulares, e menos ainda de casais do mesmo sexo. Não se apercebem sequer que o documento não trata de tais situações, porque reafirma a doutrina tradicional da Igreja no que se refere ao sacramento do Matrimônio. Portanto, quem acusa o documento de heterodoxo não o leu, ou o faz de má-fé.

Muitos já praticam o que o documento aponta e abençoam pessoas que lhes pedem bênçãos. A novidade do documento está exatamente nisso, em uma perspectiva pastoral que saia das cercas impostas pelas normas litúrgicas ou canônicas e acolha pessoas em situações humanas que não são simples nem fáceis, e que por isso mesmo pedem a oração da Igreja e a ajuda de Deus. A verdade é o Amor, e é isso que o Evangelho de Jesus ensina. Daí que atos de desamor não testemunham os ensinamentos do Mestre de Nazaré.

4. Perspectiva pastoral

A novidade do documento, assim como de todo o pontificado de Francisco, é sua perspectiva pastoral. Pode parecer inusitado que um documento do Dicastério para a Doutrina da Fé manifeste uma preocupação pastoral, mas assim o é. Sua abordagem, ainda que com conteúdo doutrinal evidente, parte da realidade da vida onde pessoas que sofrem, e a ação da Igreja é percebida como o cuidado devido para com essas pessoas sofridas diante de qualquer situação do mundo. Daí que a ação pastoral da Igreja não é entendida simplesmente como organizacional, estrutural ou de qualquer outra natureza, mas sim como a manifestação da misericórdia de Deus para com aqueles que mais sofrem.

Já há tempos a pastoral eclesial, sobretudo em terras latino-americanas, é entendida como o "cuidado do rebanho". Cuidar do rebanho é a tarefa do pastor; sua ação não deve ser manifestação de poder sobre o rebanho, nem simples guia ou explicação de comportamentos. "Em verdes pastagens me faz repousar" (Sl 23,2), porque o pastor serve ao rebanho, e não o contrário; o rebanho não existe em função do pastor, mas sim este em função das ovelhas que carecem de cuidado. Assim sendo, a Igreja, com seus pastores, vela sobre o bem-estar do rebanho, com uma atenção especial para com as ovelhas perdidas, doentes ou enfraquecidas. Para com essas, o pastor é ainda mais atencioso para que elas possam voltar, quanto antes, ao convívio do rebanho. Logo, o cuidado do pastor se estende a cada ovelha, mas é um cuidado para com o conjunto do rebanho.

A metáfora, antiga em sua compreensão e expressão, não é sem sentido, nem desinteressante. Os pastores da Igreja precisam velar sobre o conjunto da comunidade que lhes foi confiada, e, se sua atenção se individualiza, ela contempla exatamente aqueles que são os mais sofredores, enfraquecidos e necessitados. E essa atenção especial a eles devotada não é simples consolo, mas visa à reinserção de cada um no seio da comunidade, para que "todos sejam um" e caminhem em conjunto, rumo ao futuro do Reino. Dessa forma, o conjunto dos membros da Igreja não existem em função das autoridades eclesiais constituídas, mas estas em função do conjunto de fiéis.

Ademais, é sempre bom lembrar que "há ovelhas que não são deste aprisco". Por conseguinte, a função das autoridades eclesiais não se esgota na atenção aos membros participantes da assembleia de fé, mas se estende a todos os habitantes da região que lhes foi confiada. Não para, simplesmente, convertê-los à prática religiosa, mas sim para que possam viver bem, isto é, conviver em paz e harmonia. Aliás, essa compreensão também é bastante antiga, pois, quando se indaga sobre os habitantes de uma diocese ou paróquia, por exemplo, não se pergunta apenas pelos católicos que ali vivem, mas sim sobre toda a população que reside no local. Daí que a ação pastoral da Igreja não se esgota no cuidado para com os membros da assembleia que mais sofrem, mas se estende a todos os sofredores, em verdadeiro testemunho de caridade que manifesta o amor de Deus, que a todos alcança.

Visto dessa maneira, não é de estranhar que a perspectiva pastoral de Francisco se manifeste para além das fronteiras eclesiais e alcance outros horizontes de vida humana. É assim com a *Laudato Sì* e a *Laudato Deum*, e também com a *Amoris Laetitia*, a *Querida Amazônia* e a *Fratelli Tutti*. Sua perspectiva não é a de uma Igreja isolada que dita regras sobre como a sociedade deve se comportar, mas a de uma Igreja encarnada, situada no horizonte da história contemporânea, com não poucos desafios para a tarefa de evangelização e de vivência cristã.

Com efeito, as realidades do mundo não precisam da autorização da Igreja para existir, seja as realidades econômicas, políticas ou culturais. Elas simplesmente existem, e, diante delas, a ação evangelizadora não propõe uma política de avestruz, mas sim a de acolher, acompanhar, discernir e integrar (*Amoris Laetitia*), em perspectiva de sinodalidade. A perspectiva do Evangelho ilumina tais realidades não para condená-las simplesmente, mas para salvar (Jo 3,17). Importa, pois, não julgar comportamentos de acordo com posturas predefinidas, mas sim perceber como as pessoas sofrem diante das dificuldades da vida e, tal qual mãe amorosa, cuidar de suas feridas.

Percebe-se, assim, como a questão da misericórdia é central para a vivência pastoral da Igreja. Essa não é alfândega nem tribunal, lembra o Papa Francisco, porém, como um "hospital de campanha", cuja tarefa é ter atenção àqueles que são feridos pelas duras realidades da vida. Esse é um desdobramento da "opção preferencial pelos pobres", tão amplamente trabalhada pela Igreja latino-americana em tempos recentes. A Igreja é anunciadora da misericórdia divina, já que não importa o tamanho ou a quantidade de pecados das pessoas, mas sim o amor misericordioso do Pai. Deus ama todas as pessoas, a todas acolhe como filhas, a todos perdoa e a todos quer salvar. Essa é a proclamação do Evangelho de Jesus, reiteradamente afirmada pela Igreja e, em nosso tempo, retomada por Francisco.

Tal perspectiva, com todas as suas nuances, é retomada na *Fiducia Supplicans* para encaminhar sua proposta de acolhimento aos casais em situação irregular ou casais do mesmo sexo. Não se trata de oficializar vínculos nem aceitar como matrimoniais uniões que não o são. Trata-se de acolher pessoas que, pedindo uma bênção, querem se colocar na presença de Deus e ser auxiliadas por sua misericórdia. Em primeiro lugar não vem a palavra de condenação ou de exclusão, mas a de acolhimento e de suplicante confiança na ação salvadora de Deus. Mais uma vez cabe lembrar que a Igreja não é assembleia de perfeitos, mas de gente que, conhecendo suas fraquezas e pecados, confia, sobretudo, na graça e no amor misericordioso do Pai.

Se essa é a primeira coisa que salta aos olhos na perspectiva pastoral da *Fiducia Supplicans*, há uma segunda, que é a forma de encarar e incentivar a prática da bênção. A bênção é um gesto simples, mas que indica cuidado, carinho e atenção para com as pessoas. Ela acontece em muitos momentos da vida e em várias realidades. Os pais abençoam seus filhos, por exemplo, e entre nós, brasileiros, há também o costume de os padrinhos abençoarem seus afilhados. Há mesmo o costume de ensinar as crianças a pedirem a bênção a seus pais e padrinhos. As pessoas, quando se encontram com um padre, por exemplo, sempre pedem a bênção. A resposta simples em todos esses casos é a concessão da bênção, naquela fórmula que tudo expressa: "Deus te abençoe!".

Também há a previsão para que se vivencie a bênção em múltiplas situações, como a bênção dos doentes ou das pessoas idosas; da mãe que vai dar à luz; do profissional que vai iniciar sua jornada de trabalho ou sua carreira; e há mesmo bênçãos que não são para pessoas, como a bênção das sementes, ou da colheita; a bênção das casas, dos carros, e também dos animais; a bênção de objetos de culto e de devoção; a bênção da água, e ainda de outros objetos segundo a religiosidade popular, como a bênção da carteira ou de objetos de trabalho, das chaves etc. Tais bênçãos não fazem ninguém santo ou perfeito, nem dão poder sobrenatural ao que quer que seja, mas colocam pessoas, coisas e situações diante da misericórdia de Deus para pedir sua ajuda, sua proteção e seu amparo. Seria errado que casais em situação irregular ou casais do mesmo sexo pedissem, da mesma forma, uma bênção ao ministro ordenado? Absolutamente não!

Essa bênção, invocada sobre as pessoas, não sobre a união, não legitima nem oficializa nada, e por isso não é ritualizada nem normatizada. Inclui-se entre as bênçãos pastorais, como afirma o Comunicado do Dicastério para a Doutrina da Fé: "A Declaração contém a proposta de breves e simples bênçãos pastorais (não litúrgicas nem ritualizadas) de casais irregulares (não das uniões), sublinhando que se trata de bênçãos sem forma litúrgica, que não aprovam nem justificam a situação em que se encontram essas pessoas" (Comunicado à Imprensa, de 04/01/2024).

Para uma pessoa que se encontra com um padre na rua, na igreja ou no final de uma celebração, por exemplo, e lhe suplica uma bênção, não se pede explicação sobre sua conduta moral, seu estado civil, procedência ou profissão. Ao pedido de bênção, responde-se com uma bênção. Trata-se de um gesto que permite que a pessoa seja acolhida, não pelo padre nem pela comunidade, mas por Deus mesmo, já que é ele quem abençoa. Assim também podem ser contemplados os casais que vivem em situação irregular, até porque, não raro, tais situações produzem sofrimento. A bênção de Deus, então, é forma de acolhimento, socorro e cuidado.

É verdade que certa compreensão contemporânea de bênção traz a noção de sucesso e privilégio, o que não corresponde à noção tradicional de bênção. Assim, por exemplo, o jogador de futebol que faz um gol diz que Deus o abençoou! O mesmo diz alguém que teve sorte, ou enriqueceu, ou fez sucesso. Essa compreensão deriva da "teologia da prosperidade", amplamente divulgada em ambientes neopentecostais, que diz que as coisas precisam dar certo para as pessoas que têm Deus ao seu lado. Assim, o sucesso, de qualquer forma que seja, é uma afirmação de que Deus "abençoou" aquela pessoa ou situação. Derivada de uma leitura equivocada do Primeiro Testamento, essa concepção se coloca a serviço dos poderosos senhores do mundo, mas não é confirmada pelo Evangelho de Jesus, que manifestou que Deus prefere os pequenos, sofredores e excluídos. Portanto, Deus ouve a oração do publicano, não do fariseu (Lc 18,14), e o Pai amoroso acolhe em seu abraço o filho pródigo, apesar do ciúme do filho mais velho (Lc 15).

A bênção precisa ser entendida na linha do acolhimento e da misericórdia, diante da súplica de quem se sabe necessitado do auxílio de Deus. Não é canto de vitória nem legitimação do que quer que seja. A mãe que abençoa seu filho o acolhe, ainda que lhe faça reprimendas. Acolher e acompanhar é ação pastoral mais eficaz que acusar e excluir. Sendo assim, ao pedido de bênção se responde com uma bênção. Bendizer é sempre melhor que maldizer.

Aliás, cabe ainda enfocar outro aspecto. Àqueles com quem Jesus se encontra, de acordo com as narrativas dos Evangelhos, nada é pedido. A quem pede algo a Jesus, como uma cura ou milagre, a essa pessoa Jesus não pede nada nem coloca condições para sua ação. Simplesmente age: perdoa, acolhe, cura, sem nada pedir em troca. São aquelas pessoas que, posteriormente, dizem que vão viver diferentemente. Assim como Zaqueu (Lc 19), Bartimeu (Mc 10), o endemoninhado (Mc 5) e até mesmo a pecadora (Jo 8,10-11), pois, se ali há um "não peques mais", ele vem depois do perdão concedido, e não antes, como condição para a outorga do perdão.

Ora, a Igreja é continuadora da missão de seu Senhor, e nele se inspira e segue seu exemplo. Desse modo, a ação pastoral não coloca condições prévias para, por exemplo, a concessão de bênçãos. A Deus cabe abençoar, sendo a Igreja sacramento de seu amor misericordioso. Por isso mesmo, mais uma vez, diga-se que ela não é alfândega nem tribunal de acusação, mas sim mãe acolhedora que quer encaminhar todos para o amor misericordioso do Deus que a todos ama.

5. Perspectiva teológica

Era de esperar que um documento emanado do Dicastério para a Doutrina da Fé apresentasse reflexões teológicas pertinentes, em claro desdobramento da tradicional doutrina que, se não pode ser esquecida, também não pode ser simplesmente repetida, pois sempre se recobre da roupagem do tempo. E assim é com a *Fiducia Supplicans*, que apresenta de maneira explícita o que poderíamos chamar de "Teologia da Graça", desde seu fundamento tradicional até sua formulação contemporânea.

Alejandro Bertolini publicou um instigante texto em *Religión Digital*, em 05/01/2024, intitulado "La urticante asimetría de la gracia: raíz de *Fiducia Suppplicans*". Em seu texto, o teólogo argentino faz um belo arrazoado sobre formas de compreensão e vivência da moral católica, diante do fato de a graça de Deus anteceder qualquer ação humana: Deus age primeiro! As linhas que seguem acompanham sua argumentação.

Sua reflexão parte da constatação de que a imensa maioria dos católicos não obedece a todos os seus princípios, mas ainda assim deseja a Deus e solicita sua ajuda. É bem o caso enfocado na *Fiducia Supplicans*. Diante disso, duas opções são possíveis, segundo Bertolini: a primeira é a clássica chamada à ordem, "convidando-os a reformar suas vidas para adequarem-se à existência na graça", como se tudo isso fosse fácil, simples e acessível a todos, o que termina sendo como um diálogo de surdos. É a célebre ordem de comando: "Mudem de vida para 'estar certos', consertem-se e, depois, talvez possamos conversar". Percebe-se logo que tal postura é pouco evangélica. A segunda opção é a "aproximação pessoal, compassiva e misericordiosa como condição de possibilidade do que segue", e aponta os exemplos de narrativas evangélicas onde Jesus não se aproxima apenas dos pobres e doentes, mas também dos moralmente marginalizados. Aqui se retoma o núcleo do anúncio evangélico, que, diante da lei judaica, afirma que a iniciativa salvífica pertence a Deus. "Deus coloca sobre seus ombros a tarefa da redenção", porque o humano não pode fazê-lo. As ações humanas não são capazes de salvar, por isso a iniciativa é sempre divina.

É preciso reconhecer que a doutrina da graça ainda deve ser recuperada em sua raiz evangélica. Tomás de Aquino privilegiou, em sua teologia, a perspectiva do humano regenerado em Cristo, colocando a noção da graça criada como fundamento da moral cristã. Uma vez justificado em Cristo, o ser humano, como que recriado, pode agir santamente, pode segui-lo e vivenciar as virtudes e as boas obras. Isso é real e indiscutível. A teologia tomista que se seguiu parece ter esquecido de radicar essa nova força interior do humano na ação do próprio Deus que nele habita, e a noção, ainda tomista, de graça incriada foi como que abandonada.

Foi Karl Rahner quem realizou a virada teológica, recuperando como primordial a noção da graça incriada, isto é, de Deus mesmo autodoando-se. "A graça já não será primeiramente a prolixidade de uma vida em fina sintonia com a doutrina, mas sim a entrega permanente, incondicional e assimétrica que o próprio Deus é, na pessoa do Espírito". Apenas na sequência a ação humana será sua resposta a esse dom primeiro. O exemplo trazido pelo teólogo argentino é muito interessante, situado dentro da "lógica evangélica e cristológica que rompe o círculo vicioso da lei e do pecado e permite um novo começo". É o que aparece no reconhecimento da maternidade virginal de Maria. Sim, é claro que é necessário o "sim" de Maria, expresso nas belas palavras: "Faça-se em mim segundo tua palavra" (Lc 1,38), para que o Verbo de Deus se torne humano em seu ventre. Contudo, isso foi precedido pela própria ação de Deus, que preparou "mãe que fosse digna" de seu Filho, como afirma o dogma da Imaculada Conceição. É claro aqui que a primeira ação é a do próprio Deus, e isso está expresso na tradicional doutrina católica, não sendo novidade dos dias atuais.

Um percurso dogmático como esse assinala a grandeza e a profundidade teológica da *Fiducia Supplicans*. Não é simplesmente uma concessão a setores progressistas ou mais conservadores, tampouco é um aconselhamento pastoral para incentivar comportamentos próximos à religiosidade popular. Trata-se, isso sim, de uma afirmação peremptória da gratuidade de Deus que se doa. A incondicionalidade da graça, que precede de longe a resposta humana, e, pois, não é seu resultado, mas sim sua origem e condição de possibilidade, precisa ser reconhecida e afirmada como parte da mais genuína tradição cristã. Se não houver a experiência real de que a graça de Deus precede e excede qualquer virtude humana, não haverá conversão possível. Se a vivência de espiritualidade não vai além da moral, não pode ser seu fundamento.

Duas observações ainda a se fazer. A primeira diz respeito àquela postura que insiste em afirmar que não se pode abençoar como preceitua a *Fiducia Supplicans*, porque, assim, se estaria legitimando um comportamento inadequado. Tal postura é a mesma que proíbe a mãe de ser carinhosa com seu filho rebelde, e se assemelha muito ao comportamento do irmão mais velho do filho pródigo, que quer impedir o pai de ser misericordioso para com aquele "que estava morto e voltou à vida" (Lc 15,24). A mãe ama seu filho incondicionalmente, e o fato de ser carinhosa não significa que aprove sua rebeldia; ao contrário, é tal afeto que pode fazer com que ele redesenhe seu futuro. Assim, uma bênção dada pela Igreja, mãe amorosa, não legitima nada, mas pode ser recebida na gratuidade do amor incondicional de Deus, porque a graça é maior que a lei. A segunda observação é que, durante muito tempo, a Igreja foi como a guardiã da moral do Ocidente e, em determinadas situações, parece que ainda quer continuar a exercer tal papel, o qual, convenhamos, não é sua função. Na verdade, a Igreja é muito mais que a garantia da ordem moral ocidental, porque ela é sacramento do amor infinito de Deus (FS 42-45). Para ser assim reconhecida, precisa renunciar ao poder, pois ela é sacramento, e isso significa que ela não é a meta, já que caminha para Deus; e deve ainda ser capaz de sair do centro para se colocar nas periferias humanas, geográficas e existenciais, onde se percebe mais claramente a primazia e a importância da graça, porque ali se experimenta a vida na fraqueza e na fragilidade de comportamentos humanos reais.

6. Grade de leitura

Reencontramos aqui a mesma discussão que vivenciamos em décadas passadas, sobre qual o papel primordial da Igreja em sua ação pastoral: evangelização ou sacramentalização. Claro está que ambas compõem a prática eclesial, mas trata-se de saber qual a que tem prioridade, que recebe mais força e investimentos, e preocupa a mente dos pastores, fazendo parte de seus planejamentos pastorais.

Em tempos em que a pastoral latino-americana assumiu características próprias, conduzida por pastores fiéis ao Vaticano II e aos documentos do episcopado do continente, não poucas vezes se afirmou a essencialidade da evangelização, que vem antes da preocupação com a vida dos sacramentos. Não que esses não sejam importantes, mas lhes antecede o anúncio do *kerygma*, a apresentação do Reino de Deus segundo a pregação de Jesus, sua instauração pela Páscoa do Filho de Deus e a afirmação dos valores que ele estimou mais importantes, como o mandamento do Amor (Jo 13,34). A vivência da fraternidade e da caridade, por isso mesmo, é o sinal mais importante dos discípulos de Jesus, e, durante longo tempo, a Igreja assim o entendeu, como testemunha a perspectiva missionária de instalação de serviços à população, como escolas e hospitais, antecedendo à instalação de serviços religiosos, ou ao menos sendo simultâneos. Depois disso se pode manifestar a preocupação com os sacramentos e a vida especificamente religiosa. Sinal de tal postura, na América Latina e no Caribe, foi a criação de Comunidades Eclesiais de Base em todo o continente, as quais uniam Fé e Vida, que se notabilizaram pela luta por melhores condições de vida para a população mais sofrida, e que o fizeram sem deixar de lado as questões mais especificamente religiosas, mas colocando a preocupação com a Vida em primeiro lugar.

Recentemente, o cenário foi se transformando. Grande parte dos pastores da Igreja preferiu incentivar as chamadas "novas comunidades e movimentos de espiritualidade" em detrimento das CEBs. A perspectiva pastoral encontrou outro rumo, e a ênfase foi colocada na prática sacramental e no devocionismo religioso propriamente dito. A preocupação com os mais pobres e a defesa da Vida não desapareceram do vocabulário, mas se tornaram muito mais raras na prática. Os Centros Comunitários nas periferias tornaram-se capelas: a catequese, o culto litúrgico e os comportamentos devocionais ocuparam a quase totalidade das preocupações pastorais, como bem o demonstram os programas das emissoras católicas de rádio e televisão. Com isso, o privilégio da ação pastoral da Igreja voltou-se para a sacramentalização; não que o anúncio do *kerygma* tenha sido esquecido, mas a preocupação fundamental passou a ser a vivência sacramental. Durante a pandemia, por exemplo, houve iniciativas de culto pelas redes sociais e até mesmo debates com setores mais conservadores, alegando seu "direito à missa"; as Igrejas se preocupam atualmente em divulgar horários para confissões, incentiva-se a participação em celebrações, em momentos devocionais, guarda-se atenção estrita às normas canônicas etc. As pastorais sociais, que reúnem uma enormidade de serviços aos mais pobres, raramente ocupam lugar de destaque no planejamento ou no orçamento paroquial.

Não se trata de opor uma coisa à outra, mesmo porque ambas são necessárias e constituem a vida da Igreja. Trata-se de perceber qual é vista como mais fundamental. Com relação à bênção de casais, como proposto pela *Fiducia Supplicans*, a primazia da evangelização não verá problemas na prática de tais bênçãos; já o privilégio da sacramentalização verá problemas porque são casais em situações "não legais". Percebe-se aí a distinção clara entre a experiência de fé e a experiência religiosa. Mais uma vez, não se trata de opor uma à outra, mas de reconhecer que são distintas, eventualmente complementares, mas a preferência por uma ou outra indica o modelo de Igreja que se pretende construir.

Com efeito, é célebre nos estudos acadêmicos a distinção entre fé e religião. Elas não são opostas nem excludentes, mas diferentes. Religião é um sistema baseado em cultos e ritos, com normas legais próprias referentes a comportamentos, tabus e interditos, e um sistema doutrinal onde se expressam seus conteúdos. De maneira geral, o cumprimento de ritos e obrigações cultuais, certo comportamento ético ou moral, ao menos no que diz respeito às suas normas internas, e o conhecimento, de maneira inicial ou completa, de suas afirmações doutrinais são as exigências para a completa prática religiosa. Já a fé é outra realidade. Embora possa expressar-se também pela prática religiosa, a fé é, fundamentalmente, ato de confiança em Deus, e por isso se torna real na vida do crente. Exprime-se, portanto, não apenas ou necessariamente por meio de práticas religiosas, mas sobretudo por uma prática de vida: um *ethos* comportamental que perpassa todos os campos da atividade e do existir humano.

Em uma tipologia bastante simples, pode-se dizer que a experiência religiosa é, basicamente, individual, emocional, momentânea, visa ao bem-estar, confirma os próprios pontos de vista, tem obrigações dogmáticas e busca a própria realização; a experiência de fé cristã, fundamentalmente, mostra-se comunitária, existencial, duradoura, de permanente conversão, que inquieta e questiona a existência pessoal, tem um *kerygma* de boa notícia e engaja em ações em favor dos mais sofredores. A experiência religiosa não é ruim e pode até mesmo se constituir em ocasião importante para o trabalho de evangelização. Não é algo a ser combatido, mas é ponto de partida, não de chegada. Pode ser o momento inicial do encontro com o divino e de sua percepção na vida e na história, mas não constitui ainda uma transformação da existência. A experiência de fé é mais completa, existencial, constituindo-se em verdadeiro "encontro com Jesus", ultrapassando a exterioridade de comportamentos para atingir a matriz existencial da pessoa. Não precisa acontecer fora de quadros religiosos, e normalmente ali está inserida, mas a ultrapassa, a transcende em direção ao encontro efetivo com Deus, presente na vida e na história.

No quadro da *Fiducia Supplicans* percebe-se, claramente, que a opção pela prática religiosa verá problemas na concessão da bênção, enquanto a opção da experiência de fé verá como benéfico o ato de abençoar, de bendizer, porque acolhe, está mais próximo do ensinamento de Jesus e reconhece a primazia da ação de Deus.

7. De maneira prática

Cabe aqui ressaltar alguns aspectos importantes da *Fiducia Supplicans* para a vida eclesial, sobretudo naquilo que se refere à prática pastoral da Igreja, encarnada nas diversas comunidades espalhadas por todos os lugares.

- Trata-se de uma Declaração do Dicastério para a Doutrina da Fé. Assim, não é simples aconselhamento pastoral, mas tem caráter vinculante. O próprio Dicastério recomendou que a recepção do documento seja feita com discernimento pelos bispos e pelas conferências episcopais nacionais, mas trata-se de um documento a ser acolhido pelas instâncias eclesiais, ainda que levando em conta as diversidades de contexto.

- Não é um documento da lavra do Papa Francisco, no sentido de que não é de sua autoria; porém, conta com sua aprovação explícita e, mais importante, segue perfeitamente a lógica teológico-pastoral de seu pontificado. Rejeitar pura e simplesmente o documento é situar-se fora da plena comunhão com o sucessor de Pedro.

- Sendo um documento do Dicastério da Doutrina da Fé, a questão mais importante a se ter em mente é sua perspectiva doutrinal, tanto no que diz respeito ao sacramento do Matrimônio e à moral sexual quanto ao acolhimento das pessoas, à prática das bênçãos e à compreensão do primado da graça divina.

- Nessa perspectiva, não há nenhuma mudança com relação à afirmação do sacramento do Matrimônio, que segue sendo entendido como uma "união estável e indissolúvel entre um homem e uma mulher". Afirmar que o documento apresenta qualquer alteração com relação à prática sacramental é equivocado, e indica desonestidade intelectual.

- Da mesma maneira, não há nenhuma alteração com relação à compreensão tradicional da moral sexual, pois a bênção não oficializa nenhum tipo de união nem legitima nenhum tipo de comportamento sexual, senão aquele afirmado constantemente pela Igreja.

- O documento, portanto, proíbe que bispos ou conferências episcopais criem ritos próprios para as bênçãos de casais irregulares ou do mesmo sexo, retirando qualquer possibilidade de que isso seja visto como uma oficialização, por parte da Igreja, de tais uniões.

- Por outro lado, a *Fiducia Supplicans* recomenda vivamente que as pessoas que vivem em tais situações recebam, sem dificuldades, uma bênção pastoral do ministro ordenado, do tipo de bênção dada a todas as pessoas.

- Do ponto de vista doutrinal, uma bênção não é oficialização nem legitimação do que quer que seja, mas sim resposta a uma demanda de quem quer se colocar na presença de Deus, reconhecer seus benefícios e demandar seu auxílio para viver de acordo com sua fé e com sua consciência.

- A partir de tal perspectiva, uma bênção não deve ser negada a ninguém. Ela pode abrir caminhos, segundo o desígnio divino, para que todos encontrem a alegria do Evangelho e possam andar, auxiliados pela graça do Espírito, no seguimento de Jesus, como autênticos discípulos missionários a caminho do Reino.

- Destaque-se, por isso, a importância pastoral do acolhimento às pessoas, qualquer que seja sua situação existencial, sobretudo aquelas que mais sofrem e que vivem em maiores dificuldades. Acolher a todos é sinal da prática do amor fraterno proposto por Jesus, que não rejeitou ninguém e a todos acolheu, possibilitando-lhes, inclusive, a vida nova no Amor.

Dentro dessa dinâmica, o cristianismo não se define por excluir, por colocar para fora aqueles que são diferentes, que pensam ou se comportam de maneira distinta. O acolhimento é condição para o diálogo que possibilita a convivência. Se Jesus acolhe a todos, critica aqueles que se colocam na porta e não entram nem deixam os outros entrarem (Mt 23,13). O Papa Francisco constantemente lembra que a Igreja não é alfândega nem tribunal de acusação, mas sim mãe amorosa que acolhe a todos, vive o cuidado fraterno e, como sacramento, aponta para a realidade do Reino de Deus.

Rua Dona Inácia Uchoa, 62
04110-020 – São Paulo – SP (Brasil)
Tel.: (11) 2125-3500
http://www.paulinas.com.br – editora@paulinas.com.br
Telemarketing e SAC: 0800-7010081